Thèse

POUR LA LICENCE.

L'Acte public sur les matières ci-après sera soutenu,
le jeudi 13 décembre 1855, à deux heures,

Par PHILIPPE–GUSTAVE CARRÉ, né à Paris.

Président : **M. VUATRIN,** Professeur.

MM. DEMANTE,
OUDOT, } Professeurs.
MACHELARD,
COLMET DE SANTERRE, Suppléant.

Le Candidat répondra en outre aux questions qui lui seront faites
sur les autres matières de l'enseignement.

PARIS.

CHARLES DE MOURGUES FRÈRES, SUCCESSEURS DE VINCHON,
Imprimeurs de la Faculté de Droit,
RUE J.-J. ROUSSEAU, 8.

1855.

6141

MEIS ET AMICIS.

JUS ROMANUM.

——◆◆◆◆◆◆◆◆◆◆◆◆——

DE ADMINISTRATIONE TUTORUM ET CURATORUM.
(Dig., lib. xxvi, tit. 7.)

CAPUT PRIMUM.

DE HIS QUÆ SUNT PRÆVIA ADMINISTRATIONI TUTELÆ VEL CURÆ.

Duo sunt administrationi tutelæ vel curæ prævia, scilicet : satisdatio rem pupilli vel adolescentis salvam fore, et inventarium.

Præter hæc duo, requiritur ex Novella LXXII ut tutor juret tactis evangeliis se ex fide administraturum.

Etiam legitimos tutores cogi satisdare certum est; sed hoc, causa cognita, prætorem statuere debere melius est.

Tutores a magistratibus municipalibus dati satisdant; datos autem testamento, vel a patre, non jure, sed confirmatos, vel ex inquisitione a majoribus magistratibus non esse cogendos satisdare rem salvam fore certo certius est.

Hi tamen ipsi quibus satisdatio remittitur interdum aut satisdare, aut administratione cedere tenentur, scilicet contutori satis offerenti.

Antequam satisdederint tutores vel curatores, administrare non possunt; quinetiam, si quid gesserint, ipso jure nullum est : ea tamen quæ moram non recipiunt, ante satisdationem exhibitam possunt exsequi.

Eum tutorem qui secundum præsidis præceptum et juris formam satis non dederit, removeri a tutela, si inopia hoc fecerit, sine infamia; si fraude, etiam cum nota, aditus rector provinciæ jubebit.

Si quis, potestati patriæ subjectus, creabitur tutor, paterque noluerit pro eo cavere, jusserunt leges et ipsum patrem creari tutorem, ut nullo modo tutelæ cautio impediatur.

Tutor qui inventarium non fecit, dolo fecisse videtur, nisi fuerit aliqua necessaria et justissima causa cur id factum non sit, et in id quod pupilli interest tenetur, quod ex jurejurando in litem æstimatur.

Nihil itaque gerere, ante inventarium factum, tutorem oportet, nisi id quod dilationem nec modicam exspectare possit : Justinianusque præcepit ut tutores curatoresve qui inventarium, nisi hoc testator specialiter vetuerit, non confecerint, cum infamia removeantur.

CAPUT SECUNDUM.

DE DECERNENDA UNI, VEL DIVIDENDA INTER PLURES TUTELÆ ADMINISTRATIONE.

Quum plures tutores sunt, interdum uni decernitur administratio; et quidem si parens vel pater qui in potestate habet, destinaverit testamento quis tutorum tutelam gerat, illum de-

bere gerere prætor putavit; nonnunquam attamen ab hoc rece-
det, ut puta : si pater minus penso consilio hoc fecit, forte minor
viginti quinque annis; vel eo tempore fecit quo iste tutor bonæ
vitæ vel frugi videbatur, deinde postea idem cœpit male conversari ignorante testatore; vel si contemplatione facultatum
ejus res ei commissa est, quibus postea exutus; nam, et si
unum pater dederit tutorem, nonnunquam ei adjunguntur curatores.

Si non erit a testatore electus tutor, aut gerere nolet; tum is
gerat, cui major pars tutorum tutelam decreverit : si non con-
sentiant, ipse prætor, cognita causa, statuet; si velint omnes
gerere, quia fidem non habeant electo, dicendum est prætorem
permittere eis omnibus gerere.

Si ex testamento vel ex inquisitione plures dati fuerint, is
audiendus est qui satisdationem offert ut solus administret; sed
recte prætor etiam cæteris detulit hanc conditionem, si et ipsi
velint satisdare.

Utilius tamen quandoque videtur tutelam ab uno geri : quod
si plures satisdare parati sint, tunc magis idoneus præferendus
erit, ut et tutorum personæ inter se et fidejussorum compa-
rentur.

Non etenim omni modo is qui satisdat præferendus est, nec
satis non dantes temere repelluntur; duplex igitur causæ co-
gnitio est : quis et qualis sit qui obtulerit satisdationem, et
quales sint contutores, atque ejus ne existimationis et hones-
tatis sint ut non debeant hanc contumeliam satisdationis subire.

Quum uni ex pluribus tutelæ administratio decernitur, cæ-
teri non administrant qui honorarii vulgo appellantur; nec
quisquam putet ad hos periculum nullum redundare : constat
enim hos quoque, excussis prius facultatibus ejus qui gesserit
conveniri oportere. Dati sunt enim quasi observatores actus ejus

et custodes imputabiturque eis quandoque cur, si male eum conversari videbant, suspectum eum non fecerunt.

Non solum in ipsa tutelæ datione dividi administratio potest, sed et si simpliciter dati fuerint; nam, si dividi inter se tutelam velint tutores, audiendi sunt ut distribuatur inter eos administratio vel in partes, vel in regiones.

Ex hac tutelæ divisione duo effectus sequuntur :

1° Divisa tutela, tutor non potest administrare nisi ea quæ pertinent ad partem regionemve quæ ipsi per divisionem obtigit; sed ei agenti recte compensatio ex contractu alterius provinciæ objicitur; ejus autem exactio quod pupillo debetur ad administrationem ejus provinciæ pertinet in qua debitor domicilium habet, quamvis res alibi sint.

Contra, si de solvendo quod pupillus debet, agatur, potest hoc negotium pertinere ad administrationem provinciæ ubi existit res quæ solvenda est, quamvis creditori alterius provinciæ debeatur.

2° Ad eos qui in alia provincia tutelam administrant periculum administrationis, ex persona tutorum qui in alia provincia res pupilli gerunt non porrigitur; divisaque tutela , de administratione quidem quæ ad contutores spectat, tutor non tenetur; tamen saltem eos observare tenetur.

CAPUT TERTIUM.

DE TUTORIBUS ET CURATORIBUS AD TUTELAM ADMINISTRANDAM VEL CURAM COMPELLENDIS , ET DE PERICULO EORUM QUI CESSANT.

Quilibet tutor aut curator, si vel ipsi administratio decreta est, vel si nemini decreta est, administrare tenetur.

Tutor qui jussus gerere non paruit non solum debet cogi ut gerat, sed etiam in præteritum tenetur indemnem eo nomine

minorem præstare; non equidem ex quo tutor esse cœpit,
sed ex quo jussus est, si quidem se tutorem datum ignora-
verit : hoc autem quod cognovit tutor pupillus probare de-
bebit.

Quæ hactenus diximus obtinent etiam circa eos tutores qui in
ea causa sunt ut excusentur : quamdiu enim excusationes suas
non proposuerint, administratione suo periculo cessant; qui
autem inutiliter datus est, secure cessat, donec confirmetur.

CAPUT QUARTUM.

QUÆ COMPLECTATUR TUTELÆ ADMINISTRATIO, ET QUÆ FINES EJUS EXCEDANT?

Juræ Pandectarum, ei qui tutelam administrabat hoc primum
incumbebat onus ut omnes res pupilli mobiles nec non prædia
urbana distraheret, nec huic legi testator derogare poterat ;
Constantinus autem vetuit distrahi res pupillorum, præter eas
quæ usu pereunt et animalia supervacua.

Si tutor cessaverit in distractione earum rerum quæ tempore
depereunt, suum periculum facit. Debuit enim confestim officio suo fungi.

Tutoribus etiam jure Pandectarum incumbit ut pecuniam
pupillarem, tam eam quæ extabat, quam eam quam exigere
debuerunt, deponant in tuto loco ad nomina facienda aut prædia comparanda. Novella autem LXXII, permittitur tutori in
tuto recondere pupillarem pecuniam, nec eam fœnori dare ;
nisi quatenus necesse esset ut ex ejus usuris pupillus alere-
tur, quum ad hoc reditus quos aliunde habet non sufficerent :
quod si tutor qui pecuniam in tuto reponere potuit eam ultro
det fœnori, res erit tutoris periculo.

Pertinet etiam ad officium tutoris ut a debitoribus pupilli exigat; et quidem ad hanc pecuniam exigendam collocandamque his tutoribus qui tutelam ingrediuntur tempus sex mensium datur.

Ad administrationem etiam tutorum aut curatorum pertinet ut creditoribus pupilli solvant; aut etiam sibi, si ipsi sint creditores.

Tutoris præcipuum est officium ut actiones quæ pupillo competunt moveat, et ne indefensum pupillum relinquat; pœnaque tutorum aut curatorum qui hoc officio defendendi pupillos suos fungi cessant, hæc est ut removeantur ab officio cum infamia, et damnum resarciant.

Denique ad administrationem tutelæ pertinet ut quoscumque contractus quos iniri utilitas pupilli exiget tutor ineat, et ei contrahenti auctoritatem accommodet; item ut pupillo alimenta exhibeat.

Fines administrationis tutelæ excedit, si tutor quovis titulo disponat de his prædiis pupillaribus quæ absque decreto alienari prohibentur. Item donatio quarumvis rerum pupilli fines administrationis tutelæ excedit.

Quod tamen limitationem aliquam patitur: etenim, quum tutor, non rebus duntaxat, sed etiam moribus pupilli præponatur, imprimis mercedes præceptoribus, non quas minimas poterit, sed pro facultate patrimonii, pro dignitate natalium constituet; et alimenta servis, libertisque, nonnunquam etiam exteris, si hoc pupillo expediet, præstabit.

CAPUT QUINTUM.

QUANDO FINIATUR ADMINISTRATIO TUTELÆ VEL CURÆ?

Regulariter finitur administratio tutelæ vel curæ, finita tutela vel cura; in quibusdam tamen rebus ultra excurrit; ut puta, si

tutor pupillum suum puberem factum non admonuerit ut sibi
curatores peteret; sacris enim constitutionibus hoc facere ju-
betur qui tutelam administravit.

CAPUT SEXTUM.

QUAM VIM OBTINEANT A TUTORE GESTA?

Tutor qui tutelam gerit, quantum ad providentiam pupillarem, domini loco haberi debet; igitur quæ bona fide a tutore
gesta sunt rata habentur ex rescriptis Trajani et Hadriani : et
ideo pupillus rem a tutore legitime distractam vindicare non
potest; nam et inutile est pupillis si administratio eorum non
servatur, nemine scilicet emente.

Si plures tutores curatoresve dati sint, ratum haberi debet
quod per unum sine dolo malo gestum est.

Et quidem, et si duobus simul tutela gerenda permissa est,
vel a parente, vel a contutoribus, vel a magistratibus, benigne accipiendum est etiam uni agere permissum, quia duo
simul agere non possunt; sed benigne tantum hoc obtinet;
nam stricto jure, quum conjunctam administrationem habeant,
valere non deberet nisi quod conjunctim gessissent.

Quod si alicui expresse hac lege administratio concessa esset
ut nihil absque contutore gereret, quod ita gesserit ratum non
erit.

DE REBUS EORUM QUI SUB TUTELA VEL CURA SUNT, SINE DECRETO NON ALIENANDIS VEL SUPPONENDIS.

(Dig., lib. 27, tit. 9.)

CAPUT PRIMUM.

QUÆ RES MINORUM ALIENARI PROHIBEANTUR, ET QUÆ ALIENATIONES?

Jure Pandectarum prædia rustica et suburbana prohibentur

alienari; et generaliter omnia quæ pupillus jure dominii possidet non potest tutor distrahere quasi prædium pupillare.

Ex constitutione autem Constantini, et prædia urbana, et mancipia et cætera mobilia pretiosa, quorum venditio jure Pandectarum non solum permissa sed imperata erat, similiter prohibentur distrahi; eaque duntaxat quæ servata perirent, nec non animalia supervacua alienanda sunt.

Alienationes prohibentur quocumque titulo fiant; et non solum per venditionem rustica prædia vel suburbana pupilli vel adolescentes alienare prohibentur; sed neque transactionis ratione neque permutatione, et multo magis donatione, vel alio quoquo modo ea transferre, sine decreto, a dominio suo possunt.

Alienationis nomine etiam in hac prohibitione continetur constitutio cujuslibet juris in rebus minorum, aut amissio juris ipsis quæsiti in re aliena.

Regulariter igitur omnis alienatio rerum minoris sine prætoris decreto fieri non potest ; valent attamen quædam alienationes, ut puta :

1° Quæ fiunt ex voluntate parentis ex cujus bonis res ad minorem pervenerunt.

2° Alienatio rei quam minor cum alio homine communem habet, si socius ad divisionem provocet. Oportet igitur ut non ipse minor socius ad divisionem provocaverit, ex quo dicendum est inter plures minores commune prædium sine prætoris decreto distrahi non posse.

3° Alienatio quæ fit a creditore cui pater minoris rem pignori dederat : si pupillus ipse ex permissu prætoris rem pignori dedit, creditor jus suum exsequi potest, sed tutius fecerit si prius prætorem adierit.

Denique generaliter omnis alienatio rerum minoris quæ non

ex nuda voluntate minoris, aut tutoris curatorisve ejus, sed ex necessitate proficiscitur, absque decreto valet.

CAPUT SECUNDUM.

QUAS PERSONAS SPECTET PROHIBITIO?

Quibuslibet minoribus hæc alienatio pigneratiove interdicitur; et ex constitutione Justiniani eorum qui veniam ætatis impetraverunt, hac in re dissimilis conditio non est ac cæterorum minorum.

Item quibuslibet minorum tutoribus et curatoribus hoc interdicitur : unde etiam si pater vel parens tutor sit alicui ex liberis, adire debet prætorem, si obligare velit; pronior tamen esse debet prætor ad consentiendum patri.

CAPUT TERTIUM.

EX QUIBUS CAUSIS PERMITTATUR ALIENANDI DECRETUM?

Ob æs alienum tantum, causa cognita, præsidali decreto prædium rusticum minoris provinciale distrahi permittitur; nihil autem interest an fiscale, an privatum æs alienum fuerit; an a patre ipsorum, an ab ipsis contractum.

Quod si æs alienum non interveniat, tutores tamen allegent expedire hæc prædia vendere, et vel alia comparare, vel certe istis carere, prætor eis non debet permittere.

CAPUT QUARTUM.

QUÆ REQUIRANTUR UT ALIENATIO RERUM MINORIS, EX DECRETO JUDICIS FACTA, VALEAT?

Quatuor concurrere oportet :

1° Ut magistratus fuerit competens;

2° Ut causa cognita intervenerit;

3° Ut non obreptum sit magistratui;

4° Ut tutor curatorve alienando decreti fines non fuerit egressus.

1° Ea in re is magistratus est competens in cujus territorio res alienanda sita est; certe tamen venia ab ipso principe impetrata æquipollet decreto judicis competentis.

2° Si prædia minoris viginti quinque annis distrahi desiderentur, causa cognita, præses provinciæ debet id permittere.

Quærere ergo debet an pecuniam pupillus habeat, vel in numerato, vel in nominibusquæ conveniri possunt, vel in fructibus conditis, vel etiam in redituum spe atque obventionum. Item requirat num aliæ res sint præter prædia quæ distrahi possint, ex quorum pretio æri alieno satisfieri possit.

Requirere quoque debet necessarios pupilli, vel parentes, vel libertos aliquos fideles, vel quem alium qui notitiam rerum pupillarium habet: aut, si nemo inveniatur, aut suspecti sint qui inveniuntur, jubere debet edi rationes, itemque synopsim bonorum pupillarium, advocatumque pupillo dare qui instruere possit prætoris religionem an adsentire venditioni vel obligationi debeat.

3° Si falsis allegationibus circumventam religionem præsidis provinciæ probari possit, manet actio tam pupillo quam præsidi.

4° Alienatio rerum pupilli ex decreto judicis facta, ita valet, si tutor in alienando fines decreti non fuerit egressus; si autem aliud fecit quam quod a prætore decretum est, nihil egit.

CAPUT QUINTUM.

DE EFFECTU PROHIBITIONIS ALIENANDI SINE DECRETO.

Hujus prohibitionis effectus est ut, quum alienatio nullas

vires habeat, res alienatas pupillus vindicare cum fructibus possit : fructus tamen a bonæ fidei possessore non condicentur.

Minor autem qui rem alienatam vindicat non necesse habet ut doceat se læsum fuisse.

Sed exceptione doli excludi potest si non refundat quod ex pretio in rem suam versum est.

Excluditur quoque exceptione si, major factus, ratam habuit alienationem : et ex constitutione Justiniani ratihabitio præsumitur ex silentio minoris aut hæredis ejus per quinquiennium ex quo major factus est.

Illud superest observandum quod, quamvis nullas vires habeat alienatio prædii pupillaris, quod tibi tutor aut curator vendidit, tamen pignora sane quæ ob evictionis periculum idem tutor aut curator ex rebus propriis tibi obligavit, non prohiberis persequi.

POSITIONES.

I. An patronus tutor satisdare debeat ? — Prætor cognita causa statuere debet.

II. Tutor datur personæ non rei.

III. Quum plures fuerint tutores, quatenus quisque actione tutelæ teneatur ? — Distinguere oportet si inter eos administratio divisa fuerit, vel non.

IV. Placuit licere pupillo pubertati proximo meliorem suam conditionem facere, etiam sine tutoris auctoritate.

V. Sine præsidis decreto prædium inter plures minores commune distrahi non potest.

VI. Quamvis fundus sit sterilis, vel saxosus, vel pestilens, alienari non potest.

DROIT FRANÇAIS.

DE LA MINORITÉ, DE LA TUTELLE ET DU CONSEIL DE FAMILLE.

(Code Nap., liv. 1, tit. 10, chap. 1 et 2; art. 388-475. — Code de proc., part. 1ʳᵉ, liv. 5, tit. 4, art. 527-542; part. 2, liv. 1, tit. 10, art. 882-889. — Loi du 24 mars 1806, sur le transfert des inscriptions de rente.— Décret du 25 septembre 1813, sur le transfert des actions de la Banque.)

DE LA MINORITÉ.

On appelle mineur l'individu qui n'a pas encore atteint l'âge devingt et un ans, auquel la loi fixe, par présomption générale, lacapacité des personnes.

La loi divise les mineurs en deux classes, selon qu'ils sont ou non émancipés :

Le mineur non émancipé a la jouissance des droits civils; mais, généralement parlant du moins, il n'en a pas l'exercice, lequel est confié à une personne chargée de le représenter : il peut, s'il est enfant légitime, être soumis successivement à la puissance paternelle seulement; à la puissance paternelle et à la tutelle tout ensemble; à la tutelle seulement. Enfant naturel reconnu, il doit toujours être en tutelle, tutelle qui peut aussi coexister avec la puissance paternelle.

L'émancipation affranchit le mineur de la puissance paternelle et de la tutelle, et le place dans un état intermédiaire entre la minorité ordinaire et la majorité.

Du reste le mineur, émancipé ou non, est toujours, depuis le moment où il tombe en tutelle, jusqu'à sa majorité, sous la protection d'un conseil de famille.

Nous n'avons à nous occuper ici que de la tutelle et du conseil de famille. Nous en ferons l'objet de deux chapitres.

CHAPITRE Iᵉʳ.

DE LA TUTELLE DES MINEURS.

La tutelle commence, pour l'enfant légitime, à la dissolution du mariage de ses père et mère; pour l'enfant naturel, dès sa naissance.

Elle finit : par la majorité, par l'émancipation, par la mort du mineur.

Toute tutelle présente, en face du tuteur, fonctionnaire principal chargé d'administrer, un subrogé tuteur, fonctionnaire subalterne chargé de contrôler et quelquefois de remplacer le premier. Le conseil de famille du mineur exerce la haute surveillance sur tout ce qui l'intéresse.

Nous nous occuperons dans le chap. 2 de ce qui concerne le conseil de famille ; le chap. 1ᵉʳ traitera donc seulement du tuteur, du subrogé tuteur, et des règles communes à l'un et à l'autre.

§ 1ᵉʳ. — Du tuteur.

SECTION 1ʳᵉ.

Des diverses classes de tuteurs.

Le tuteur est légitime, testamentaire, ou datif.

Le tuteur légitime ou légal est celui qui tient sa qualité de la loi même, sans aucune nomination.

Le tuteur testamentaire est celui que nomme le survivant des père et mère.

Le tuteur datif est celui que nomme le conseil de famille.

Tutelle légitime.

La tutelle légitime appartient d'abord au survivant des père et mère, mais avec trois différences entre le père et la mère :

1° La mère peut refuser la tutelle ; dans ce cas elle est tenue de remplir les devoirs d'une tutrice jusqu'à ce qu'elle ait fait nommer un tuteur par le conseil de famille ;

2° Elle peut être soumise à un conseil, sans l'assistance duquel certains ou même tous les actes de la tutelle lui sont interdits ; ce conseil doit être nommé par le père dans les formes voulues pour la nomination du tuteur testamentaire.

3° La mère qui se remarie ne conserve la tutelle légale qu'autant qu'elle y est maintenue par le conseil de famille ; et le second mari devient alors cotuteur.

La mère qui se remarie sans consulter le conseil de famille perd de plein droit la tutelle légale, sans voir diminuer sa responsabilité, que le second mari partage solidairement avec elle, même pour les actes antérieurs à leur mariage.

Si le conseil de famille consulté avant le mariage ne maintient pas la mère dans la tutelle légale, il la remplace par un autre tuteur ; la responsabilité cesse pour elle et ne peut s'étendre à son nouveau mari.

Si, lors du décès du mari, la femme se déclare enceinte, il lui est nommé un curateur au ventre par le conseil de famille ; à la naissance de l'enfant, la mère en devient tutrice et le curateur en est de plein droit le subrogé tuteur.

Si le survivant des père et mère a conservé la tutelle légale jusqu'à son décès, et que, lors de ce décès, il n'existe pas de tuteur testamentaire par lui nommé, la tutelle légale appartient à l'ascendant mâle le plus proche en degré ; s'il en existe deux du même degré appartenant chacun à une ligne différente, la tutelle passe à l'ascendant paternel ; s'ils sont tous deux de la ligne paternelle, à l'ascendant paternel du père du mineur ; s'ils sont tous deux de la ligne maternelle, le conseil de famille choisit.

Au décès d'un premier ascendant tuteur légal, et s'il a conservé jusqu'à ce moment cette tutelle, la tutelle légitime passe à l'ascendant survivant d'après les mêmes règles, et ainsi de suite, de manière qu'un tuteur légal ne soit jamais appelé qu'à la mort d'un autre tuteur légal, et qu'il n'y ait jamais discontinuité dans la durée de la tutelle légitime ; car, lorsque de son vivant un tuteur légitime n'entre pas en fonctions ou les cesse, il y a lieu à tutelle dative ; et, dès qu'il y a lieu un seul instant à tutelle dative ou à tutelle testamentaire, on ne revient plus à la tutelle légitime.

Tutelle testamentaire.

Le survivant des père et mère peut, s'il exerce et conserve jusqu'à sa mort la tutelle légale, nommer à l'enfant un tuteur qui entrera en fonctions au décès dudit survivant. La nomination se fait, soit dans l'une des formes voulues pour les testaments, soit par déclaration devant le juge de paix assisté de son greffier.

La nomination faite par la mère remariée maintenue dans la tutelle n'a d'effet qu'autant qu'elle est confirmée par le conseil de famille, sans que pour cela le tuteur nommé par elle cesse d'être tuteur testamentaire.

Il y a lieu à tutelle dative quand il n'existe ni père ni mère, ni ascendant mâle, ni tuteur nommé par le survivant des père et mère ; quand un tuteur légal, soit avant d'avoir géré, soit après, est éloigné de la tutelle par toute cause autre que sa mort ; quand un tuteur testamentaire, valablement nommé et survivant à celui qui l'a nommé, se trouve, soit avant d'avoir géré, soit après, éloigné de la tutelle pour quelque cause que ce soit.

Nota. Lorsque le mineur domicilié en France possède des biens dans les colonies, ou réciproquement, l'administration spéciale de ces biens est donnée à un protuteur.

En ce cas, le tuteur et le protuteur sont indépendants et non responsables l'un envers l'autre pour leur gestion respective.

SECTION II.

Fonctions, droits et obligations du tuteur.

Entrée du tuteur en fonctions.

L'obligation du tuteur de gérer, et par suite sa responsabilité et l'hypothèque légale qui la garantit commencent : pour le tuteur légitime, à compter de la connaissance par lui acquise du décès qui fait passer la tutelle en ses mains ; pour le tuteur testamentaire, à compter du jour de l'ouverture de l'acte qui le nomme tuteur, s'il a assisté à cette ouverture, sinon du jour où cet acte lui est notifié ; pour le tuteur datif, du jour de la délibération du conseil de famille, s'il y est présent, sinon du jour où sa nomination lui est notifiée.

Le tuteur, lors de son entrée en fonctions, a diverses obliga-

tions à remplir; ces obligations varient suivant les circonstances.

Quand le tuteur entrant est le premier tuteur de l'enfant, il
doit immédiatement requérir l'apposition des scellés sur les
objets de la succession échue au mineur par le décès qui ouvre
la tutelle; s'ils ont été apposés, il doit les faire lever dans les
dix jours à compter de celui où commence son obligation d'administrer.

Aussitôt après la levée des scellés, il doit faire dresser, en
présence du subrogé tuteur, un inventaire des biens du mineur,
lequel servira plus tard de base à la reddition de son compte;
sinon l'état de la succession pourra être prouvé contre lui par
témoins et même par commune renommée; il doit, dans cet
inventaire et sur la réquisition que le notaire est tenu de lui
faire, déclarer les créances qu'il peut avoir contre le mineur,
et ce à peine de déchéance.

Dans le mois qui suit la clôture de l'inventaire, le tuteur,
autre que le survivant des père et mère usufruitier légal, doit
faire vendre, en présence du subrogé tuteur, aux enchères
reçues par un officier public, et après affiches ou publications,
les meubles corporels que le conseil de famille ne l'a pas autorisé à garder en nature; sinon il sera responsable de ce que la
conservation en nature fera perdre au mineur ou l'empêchera
de gagner.

Le survivant des père et mère, usufruitier légal des biens du
mineur, a le droit de conserver les meubles en nature et de s'en
servir pour ne les restituer qu'à la fin de l'usufruit et dans
l'état où ils se trouveront, sauf indemnité pour ceux qui seraient
alors détruits ou détériorés par sa faute; à cet effet, l'usufruitier
légal doit faire estimer les meubles à ses frais par un expert
que nomme le subrogé tuteur et qui prête serment devant le
juge de paix.

Le tuteur entrant en remplacement d'un autre tuteur dont le mineur n'est pas héritier, doit seulement recevoir, en présence du subrogé tuteur, le compte du tuteur précédent; ce compte lui fait connaître le patrimoine du mineur et sert de base à celui qu'il doit rendre lui-même; et c'est lors de la réception de ce compte qu'il doit déclarer, sur la réquisition du subrogé tuteur, les créances qu'il peut avoir à exercer contre le mineur.

Si le tuteur entrant remplace un tuteur décédé dont le mineur est héritier, il doit s'acquitter tout ensemble des obligations indiquées pour les deux cas précédents.

Il y a aussi nécessité, pour le tuteur, de faire procéder à l'apposition des scellés et à l'inventaire, toutes les fois qu'une succession échoit au mineur dans le cours de sa gestion.

Cependant, quand les biens qui arrivent au mineur ne lui appartiennent pas comme héritier réservataire, le tuteur peut être dispensé de l'inventaire par le disposant; mais alors le conseil de famille doit exiger du tuteur un état qui lui fasse connaître l'importance de ces biens.

Enfin, le survivant des père et mère mariés en communauté a un délai de trois mois au lieu de dix jours pour commencer l'inventaire.

Lors de l'entrée en exercice de toute tutelle, autre néanmoins que celle du survivant des père et mère, usufruitier légal le tuteur reçoit du conseil de famille des instructions qu'il est tenu de suivre et qui ont pour objet de régler par aperçu, suivant l'importance du patrimoine, la somme à laquelle pourront s'élever la dépense personnelle du mineur et les frais d'administration de ses biens; de décider si le tuteur pourra payer des deniers du pupille un ou plusieurs administrateurs particuliers gérant sous sa responsabilité; de préciser la somme à laquelle commencera, pour le tuteur, l'obligation de faire, dans les six mois, emploi de l'excédant des recettes sur les dépenses; de déterminer le mode de cet emploi, de fixer les époques auxquelles le tuteur devra remettre au subrogé tuteur des états de situation de la gestion, sans pouvoir cependant en exiger plus d'un par an.

Droits et devoirs du tuteur en ce qui touche la personne du mineur.

En ce qui concerne la personne, le tuteur a sur le mineur le droit d'éducation, pourvu, toutefois, que le survivant des père et mère soit mort ou privé de la puissance paternelle; il doit veiller à son instruction et à son éducation physique et morale; il doit, soit lui faire apprendre un métier, soit lui faire embrasser une profession plus relevée, selon la mesure de ses facultés pécuniaires, physiques, intellectuelles; il peut, s'il a sur la conduite du mineur des sujets de mécontentement graves, porter ses plaintes à un conseil de famille, et, s'il y est autorisé par ce conseil, le faire détenir, par voie de réquisition au président du tribunal, pendant un mois au plus, si le mineur a moins de quinze ans accomplis, et pendant six mois au plus, s'il est plus âgé.

Toutefois, le conseil de famille a la faculté, même après l'extinction de la puissance paternelle, de ne laisser au tuteur que l'administration des biens, et de confier à une autre personne la garde et l'éducation du mineur.

Droits et obligations du tuteur en ce qui touche les biens.

En ce qui concerne les biens, le tuteur, mandataire légal du mineur, doit veiller à l'administration de ses biens, et le représenter dans tous les actes où il se trouve intéressé; et ici, il devient nécessaire de faire une distinction :

Il est, en effet, des actes que le tuteur peut faire seul; d'autres pour lesquels il lui faut l'autorisation de la famille; d'autres pour lesquels cette autorisation doit être précédée ou suivie de certaines formalités; d'autres, enfin, qui lui sont totalement interdits.

Le tuteur seul peut et doit veiller à la conservation des meubles, entretenir, exploiter ou donner à bail les immeubles, sans cependant pouvoir faire des baux de plus de neuf ans, et les renouveler plus de deux ans à l'avance pour les maisons, et plus de trois ans à l'avance pour les immeubles ruraux; il peut et doit encore éteindre les dettes et charges, poursuivre le remboursement des créances, recevoir les revenus, interrompre les prescriptions, prendre et renouveler les inscriptions hypothécaires, et généralement prendre toutes les mesures conservatoires; il peut encore vendre les rentes sur particuliers, ou les rentes sur l'État n'excédant pas 50 francs, ainsi qu'une fraction d'action, ou une action au plus de la Banque de France; défendre à une action immobilière; plaider en matière mobilière en demandant ou en défendant; procéder à l'aliénation des immeubles provoquée par un copropriétaire majeur, en cas d'impossibilité de partage, ou par un créancier du mineur, sur expropriation forcée; mais, dans ce dernier cas, la vente doit toujours avoir lieu en justice, et avec des formalités spécialement déterminées par la loi.

Actes que le tuteur peut faire avec l'autorisation du conseil de famille.

Il faut au tuteur l'autorisation du conseil de famille pour prendre à bail les biens du mineur; le bail lui en est passé par le subrogé tuteur;

Pour transférer une inscription de rente sur l'État de plus de 50 francs, ou plus d'une action sur la Banque de France;

Pour accepter ou répudier une succession échue au mineur;

cette succession ne peut, du reste, jamais être acceptée que bénéficiairement;

Pour accepter une donation, à moins qu'il ne soit un des ascendants du mineur;

Enfin, pour intenter une action immobilière, ou y acquiescer.

Actes que le tuteur peut faire avec l'autorisation du conseil de famille et moyennant l'accomplissement de certaines formalités.

Le tuteur ne peut emprunter pour le mineur, ni vendre ou hypothéquer ses immeubles sans l'autorisation de la famille accordée pour un avantage évident ou une nécessité absolue, indiquant l'immeuble ou les immeubles qui doivent être de préférence vendus ou hypothéqués, et homologuée par le tribunal.

La vente, en ce cas, ne peut avoir lieu qu'en justice et avec les formes dont nous avons parlé plus haut.

Il ne peut provoquer un partage mobilier ou immobilier qu'avec l'autorisation de la famille, et le partage ne peut également avoir lieu qu'en justice avec des formes spécialement déterminées par la loi; il pourrait seulement, sans autorisation de la famille et sans intervention de la justice, faire (pour cinq ans au plus, sauf à renouveler la convention) un simple partage provisionnel portant sur la jouissance seulement.

Enfin une transaction faite par le tuteur autorisé n'est valable qu'autant qu'elle a eu lieu de l'avis de trois jurisconsultes désignés par le procureur impérial et homologuée par le tribunal.

Actes interdits au tuteur.

Les actes interdits au tuteur sont :

Le compromis sur tout ce qui intéresse le mineur;

L'achat des biens du mineur;

L'acceptation du transport d'une créance ou d'un droit quelconque contre lui.

Reddition du compte de tutelle.

Tout tuteur sortant de fonctions doit rendre compte de sa gestion à l'ex-mineur, si la tutelle finit par sa majorité; au mineur assisté de son curateur, si elle finit par son émancipation; à ses héritiers, si elle finit par sa mort naturelle ou civile ; enfin au nouveau tuteur assisté du subrogé tuteur, si la tutelle continue. Les frais de reddition du compte sont avancés par le rendant et restent à sa charge s'ils sont occasionnés par sa faute, par exemple par sa destitution.

Lorsque le compte de tutelle est nécessité par la mort naturelle ou civile du tuteur, il est rendu par ses héritiers, qui (s'ils sont présents et capables) sont tenus de continuer jusqu'à l'entrée en fonctions du nouveau tuteur la gestion de leur auteur quant aux actes d'entretien et de conservation.

On alloue dans le compte de tutelle toute dépense utile au mineur et justifiée suffisamment.

Tout traité entre l'ex-tuteur et le mineur devenu majeur est nul s'il ne s'est écoulé dix jours depuis la remise (constatée par récépissé du mineur) du compte et des pièces justificatives.

Le reliquat dû par le tuteur ou ses héritiers porte intérêt de plein droit du jour de la clôture du compte ; les sommes dues par le mineur au contraire ne portent intérêt que du jour de la sommation signifiée postérieurement à cette clôture.

Toute action du mineur contre son tuteur à raison des faits de la tutelle se prescrit par dix ans à compter de la majorité.

Quant à l'action en payement du reliquat, ou à toute autre qui ne serait pas relative aux faits de la tutelle et ne forcerait pas le tuteur à recourir à ses pièces justificatives, elle se prescrirait seulement par trente ans; et il en serait de même des actions du tuteur contre l'ex-mineur.

La responsabilité du tuteur et le payement du reliquat sont garantis par une hypothèque légale qui, de plein droit et sans qu'il soit besoin d'inscription, frappe tous les immeubles du tuteur à compter du jour même où a commencé sa responsabilité.

§ 2. — Du subrogé tuteur.

Dans toute tutelle existe un subrogé tuteur, toujours datif.

Dans la tutelle dative le conseil de famille procède à sa nomination immédiatement après celle du tuteur; dans la tutelle légitime ou testamentaire, le tuteur doit, avant d'entrer en fonctions, assembler le conseil de famille pour nommer un subrogétuteur.

Enfin, toutes les fois que le survivant des père et mère ou le conseil de famille a nommé un protuteur, le conseil doit lui adjoindre un subrogé protuteur.

Le subrogé tuteur doit surveiller la gestion du tuteur et prendre ou provoquer les mesures nécessaires pour protéger les intérêts du mineur.

Toutefois, la responsabilité du tuteur ne s'étendrait à lui que dans le cas d'une grave négligence de sa part.

Il doit remplacer le tuteur, avec ses droits, ses obligations et sa responsabilité, dans les circonstances spéciales où les intérêts du tuteur se trouvent en opposition avec ceux du mineur.

Il doit enfin s'acquitter de diverses obligations particulières que nous avons relatées plus haut, ou dont sera question ci-après, et notamment provoquer la nomination d'un nouveau tuteur quand la tutelle devient vacante ou se trouve abandonnée par l'absence du tuteur.

2° Le sexe :

Pour la mère et les ascendantes.

3° Enfin l'existence, dans un rayon de quatre myriamètres du lieu où s'établit la tutelle ou subrogée tutelle, de quelque parent ou allié du mineur capable de remplir la fonction qu'on veut déférer à un étranger permet à celui-ci de ne pas accepter la tutelle ou subrogée tutelle.

Le conseil de famille est dans l'obligation d'admettre les excuses établies par la loi ; il a de plus la faculté d'en admettre toute autre : mais quand il aura rejeté une excuse non écrite dans la loi, les tribunaux ne pourront pas l'admettre.

Le fonctionnaire dont la famille a rejeté les excuses et qui réclame aux tribunaux est tenu d'administrer provisoirement pendant le litige.

CHAPITRE II.

DU CONSEIL DE FAMILLE.

§ 1er. — Composition du conseil de famille.

Le conseil se compose du juge de paix, qui en est de droit membre et président, et de six personnes choisies par lui d'après les règles suivantes :

Il doit appeler les trois plus proches parents ou alliés paternels et les trois plus proches parents ou alliés maternels du mineur, en préférant le parent à l'allié du même degré et le plus âgé au plus jeune de deux parents ou alliés de même degré ; il n'est jamais permis de compléter une ligne par des parents ou alliés de l'autre ; à défaut ou en cas d'insuffisance de parents ou alliés de l'une des lignes, on appelle un ou plusieurs amis des père et mère ; les parents ou alliés appartenant à la fois aux deux lignes peuvent être appelés dans l'une ou l'autre, au choix du juge de paix.

D'où il suit que le conseil de famille de l'enfant naturel ne comprendra jamais d'autres parents que ceux qui l'ont reconnu; s'il ne l'a pas été, son conseil de famille se composera exclusivement d'étrangers connus pour lui porter intérêt.

Les frères germains ou maris de sœurs germaines ont le privilège d'être toujours membres du conseil, qu'ils composent seuls s'ils sont six ou davantage.

Les ascendants excusés de la tutelle et les ascendantes ne peuvent pas être contraints de faire partie du conseil de famille.

Ils doivent cependant, pourvu que ces dernières soient veuves et non remariées, y être appelés, mais comme membres honoraires seulement; ils sont libres de ne pas s'y rendre, et l'on peut délibérer sans eux.

Les ascendants non excusés peuvent, comme tous autres parents, être membres titulaires et forcés; s'ils ne le sont pas, ils doivent être aussi appelés comme membres honoraires.

Enfin, le juge de paix a le choix pour l'application des règles précédentes, de se renfermer dans un rayon de deux myriamètres du lieu où la tutelle est ouverte, ou de les appliquer d'une manière absolue.

Quant aux amis, on ne peut appeler que ceux qui demeurent dans la commune même.

Ne peuvent faire partie du conseil de famille, les personnes que nous avons vues incapables ou indignes d'être tuteur ou subrogé tuteur.

Le tuteur et le subrogé tuteur votent au conseil quand ils en sont membres; mais le premier ne peut voter, quand il s'agit de nommer ou de destituer le second.

§ 2. — Convocations et délibérations du conseil.

Lorsque la convocation du conseil de famille est motivée par

Cependant, hors ce cas prévu par la loi, le conseil n'a ce pouvoir que vis-à-vis des fonctionnaires qu'il a nommés lui-même.

Passons aux causes de dispense :

Les fonctions de tuteur et de subrogé tuteur étant des charges publiques, on ne peut s'en excuser que pour une cause spécialement indiquée par la loi comme permettant de s'en dispenser ou même de s'en décharger alors qu'on les exerce déjà.

Il n'y a de décharge possible que pour une cause survenue depuis l'acceptation de la fonction, l'acceptation faite alors que la cause d'excuse existe étant une renonciation tacite à cette excuse.

Il y a de même renonciation à une cause de dispense quand on laisse passer le délai pendant lequel le bénéfice devait en être réclamé.

Les réclamations de dispense doivent être proposées par les fonctionnaires que nomme le conseil à l'instant de leur nomination, s'ils y assistent; sinon, ou s'il s'agit de tuteurs légitimes ou testamentaires, dans les trois jours à partir de la notification à eux faite de leur nomination, ou de la connaissance par eux acquise de leur qualité, outre un jour par trois myriamètres de distance entre le domicile du fonctionnaire et le lieu de l'ouverture de la tutelle.

C'est par le conseil de famille, sauf recours aux tribunaux, que sont jugées les causes de dispense ou de décharge.

Les causes de dispense et de décharge, en cas de survenance depuis l'acceptation des fonctions, sont :

1° Certaines dignités et fonctions indiquées pour la plupart par le sénatusconsulte du 18 mai 1814 et la loi du 16 septembre 1807 ; le service militaire et toute mission du gouvernement hors du territoire français.

De plus, toute fonction publique dispense des tutelles ou

subrogées tutelles établies dans un département autre que celui où la fonction s'exerce.

La réclamation pour se faire décharger pour cette cause des fonctions acceptées doit être formée dans le mois du jour où est née ladite cause ; mais à l'expiration des fonctions, services ou missions, la tutelle qui durerait encore pourrait être à nouveau imposée au fonctionnaire déchargé.

Quand la mission articulée comme excuse n'est pas authentique, le réclamant doit en justifier par un certificat du ministre.

2° L'âge :

On peut se faire dispenser à soixante-cinq ans accomplis, et se faire décharger à soixante-dix ans commencés.

3° Les infirmités suffisamment graves.

4° Le nombre des tutelles ou subrogées-tutelles :

Deux tutelles ou subrogées tutelles dispensent d'en accepter une troisième ; la qualité d'époux ou de père légitime compte pour une et dispense d'en accepter une deuxième, si ce n'est celle des enfants.

Celui qui a accepté trois tutelles ou subrogées tutelles, ou qui en a deux avec le titre d'époux ou de père, ne peut se faire décharger de l'une d'elles ; mais celui qui, se trouvant chargé de deux tutelles, ou subrogées tutelles se trouverait ensuite appelé à la tutelle légale de ses enfants pourrait se faire décharger de l'une des deux premières.

Les causes de dispense seulement sont :

1° Le nombre des enfants :

Cinq enfants légitimes nés et vivants ou morts en activité de service à l'armée, ou enfin remplacés par des descendants, dispensent de toute tutelle ou subrogée tutelle autre que celle de ces enfants ou descendants.

La subrogée tutelle cesse quand la tutelle finit d'une manière absolue.

§ 3. — Règles communes au tuteur et au subrogé tuteur.

Ces règles ont pour but de préciser les causes qui enlèvent tout droit aux fonctions de tuteur ou de subrogé tuteur pour incapacité ou indignité, ou qui, en laissant subsister le droit aux fonctions, permettent de s'en dispenser.

Sont incapables :

Les mineurs, à l'exception des père et mère légitimes du pupille ;

Les interdits ;

Les femmes, excepté la mère et les ascendantes ;

Ceux qui ont ou dont les père et mère ont actuellement avec le mineur un procès qui compromet soit l'état, soit, en tout ou en grande partie, la fortune dudit mineur ;

Enfin, deux parents ou alliés du mineur dans la même ligne ne peuvent être à la fois tuteur et subrogé tuteur, sauf le cas de deux frères germains ou de maris de sœurs germaines ; d'où il suit que le curateur au ventre nommé à la femme qui se dit enceinte ne peut jamais être pris que dans la ligne paternelle ou parmi les étrangers.

De plus l'interdiction ou la survenance d'un procès de la nature sus-indiquée sont des causes non-seulement d'exclusion, mais encore de destitution.

Sont indignes de plein droit :

Ceux qui ont été condamnés à une peine infamante ;

Ceux auxquels une sentence correctionnelle a spécialement interdit les fonctions de tuteur.

Peuvent être reconnus et déclarés indignes par le conseil de famille :

Les gens d'une inconduite notoire ;

Ceux dont l'incapacité ou l'infidélité résulte, soit de la gestion même de la tutelle dont il s'agit, soit d'une autre gestion actuelle ou récente; et, notamment, le tuteur légitime ou testamentaire qui, à dessein et par dol a négligé de faire convoquer le conseil de famille pour la nomination du subrogé tuteur.

Dans ces deux cas, le conseil est convoqué par le juge de paix, soit d'office, soit sur la réquisition du subrogé tuteur ou d'un parent ou allié du pupille jusqu'au degré de cousin germain inclusivement; avec cette distinction que le tuteur ne pourrait pas faire cette réquisition quand il s'agit de l'indignité du subrogé tuteur.

La délibération de la famille doit être motivée, et ne peut être prise qu'après avoir entendu le fonctionnaire qu'il s'agit de frapper.

Si celui-ci adhère à la délibération, il en est fait mention au procès-verbal, et celui que la famille a désigné à sa place entre de suite en fonctions.

S'il réclame, l'homologation est demandée au tribunal, sauf appel à la Cour.

La poursuite se fait contre le tuteur à la diligence du subrogé tuteur, ou, dans tous les cas, à la diligence de l'un des membres du conseil; le fonctionnaire frappé peut lui-même assigner le subrogé tuteur ou les membres du conseil pour se faire maintenir dans ses fonctions, qu'il continue du reste pendant toute la durée du litige, à moins que le conseil, ou après lui le tribunal, ne l'ait frappé d'une sentence déclarée exécutoire par provision.

Le conseil de famille peut en outre, quand l'intérêt du pupille le demande, remplacer le fonctionnaire actuel sans aucun reproche d'inconduite, d'incapacité ou d'infidélité; par exemple, dans le cas de second mariage d'une mère tutrice de ses enfants.

l'ouverture d'une tutelle légale ou testamentaire, c'est le tuteur qui doit requérir du juge de paix cette convocation ; quand, au contraire, il s'agit d'une tutelle dative, ou quand les tuteurs légaux ou testamentaires ont négligé de requérir la convocation, le conseil est convoqué, soit sur la réquisition des parents du mineur, de ses créanciers ou d'autres parties intéressées, soit d'office par le juge de paix ; et toute personne dans ce cas est appelée à faire connaître à ce magistrat la circonstance qui donne lieu à la convocation.

Le juge de paix compétent est celui du domicile du mineur (et dès lors du tuteur) tant qu'il y a tutelle légitime ou testamentaire. Dans la tutelle dative, au contraire, c'est, pour toute la durée de cette tutelle et des tutelles subséquentes, le juge de paix du domicile que le mineur se trouve avoir au moment où on lui nomme le premier tuteur datif.

Le mode légal de convocation consiste en une citation délivrée trois jours francs avant celui de la réunion, plus, pour les parties domiciliées au delà de trois myriamètres, un jour par trois myriamètres entre le lieu de leur domicile et celui de la réunion : les personnes régulièrement citées sont tenues de comparaître en personne ou par un fondé de pouvoir qui ne peut représenter à la fois plusieurs membres du conseil ; tout membre légalement convoqué qui ne comparaît pas, doit, à moins d'excuse abandonnée à l'appréciation du juge de paix, être condamné à une amende qui ne peut excéder 50 fr. ; cette condamnation est sans appel mais susceptible d'opposition.

En cas d'absence d'un ou plusieurs membres, le juge de paix peut ou délibérer si les trois quarts des membres titulaires sont présents, ou remettre la réunion à un jour indéterminé ou dès lors fixé. Cette faculté lui est donnée généralement pour tous les cas où l'intérêt du mineur lui paraît l'exiger.

La convocation peut se faire par lettre missive ou verbalement et sans observation des délais légaux ; mais, dans ce cas, les absents n'encourraient pas l'amende, et l'absence d'un seul empêcherait la délibération.

En principe, les résolutions doivent être prises à la majorité absolue des suffrages; quand les opinions contraires ont un nombre égal de suffrages, la voix du juge de paix est prépondérante.

Toutes les fois qu'une résolution n'est pas prise à l'unanimité, l'avis de chaque membre doit être mentionné au procès-verbal.

En outre des circonstances dans lesquelles les décisions du conseil de famille blessent l'intérêt des tiers, ces décisions peuvent être attaquées :

1° Comme prises en violation des règles relatives à la composition, à la convocation ou au mode de délibération du conseil, par les tuteur, subrogé tuteur, et par tous les membres du conseil ;

2° Comme contraires à l'intérêt du mineur, par les tuteur, subrogé tuteur, et par ceux des membres du conseil qui ont été d'un avis contraire à la résolution.

Dans aucun cas le conseil de famille ne forme un premier degré de juridiction, et la sentence rendue sur la réclamation par le tribunal de première instance est toujours susceptible d'appel.

QUESTIONS.

I. Il n'y a lieu à tutelle légale ou testamentaire que pour l'enfant légitime ; la tutelle de l'enfant naturel est toujours dative :

II. Le dernier mourant des père et mère qui s'est excusé de la tutelle perd le droit de choisir un tuteur à ses enfants.

III. Si, lors de l'inventaire, le notaire omet de faire au tuteur la réquisition prescrite par l'art. 451 du Code Napoléon, le tuteur conserve sa créance; mais le notaire est responsable envers le mineur.

IV. Les art. 455 et 456 du Code Napoléon ne s'appliquent pas à la tutelle du survivant des père et mère, usufruitier légal.

V. Le tuteur peut, pendant la tutelle, exercer du chef du mineur l'action en réduction de la durée du bail qu'il a consenti pour plus de neuf ans.

VI. Dans le cas prévu par l'art. 462 du Code Napoléon, la prescription ne court pas contre le mineur pendant la vacance.

VII. L'homologation judiciaire de l'autorisation du conseil de famille est requise pour l'emprunt et pour l'hypothèque, comme pour l'aliénation des biens immeubles du mineur: et l'indication exigée par l'art. 457 du Code Napoléon est requise pour l'hypothèque comme pour la vente,

VIII. La cession acceptée par le tuteur d'une créance contre le mineur est nulle en ce sens que le mineur n'est désormais débiteur ni envers le cédant, ni envers le tuteur.

IX. L'action en payement du reliquat dû par le tuteur et les actions de ce dernier contre le mineur se prescrivent par trente ans.

Vu par le Président de la thèse,
VUATRIN.

Vu par le Doyen,
C.-A. PELLAT.

www.ingramcontent.com/pod-product-compliance
Lightning Source LLC
Chambersburg PA
CBHW060504210326
41520CB00015B/4092